CADERNO DE ATIVIDADES

2

Organizadora: Editora Moderna
Obra coletiva concebida, desenvolvida
e produzida pela Editora Moderna.

Editora Executiva:
Ana Claudia Fernandes

NOME: ....

....TURMA: ....

ESCOLA: ....

....

1ª edição

© Editora Moderna, 2019

Elaboração de originais:

Pamela Shizue Goya
Bacharel em História pela Universidade de São Paulo (USP).
Editora e elaboradora de conteúdos didáticos.

Maria Clara Antonelli
Bacharel e licenciada em História pela Universidade de São Paulo (USP).
Editora e elaboradora de conteúdos didáticos.

Coordenação editorial: Ana Cláudia Fernandes
Edição de texto: Ofício do Texto Projetos Editoriais
Assistência editorial: Ofício do Texto Projetos Editoriais
Gerência de *design* e produção gráfica: Everson de Paula
Coordenação de produção: Patricia Costa
Suporte administrativo editorial: Maria de Lourdes Rodrigues
Coordenação de *design* e projetos visuais: Marta Cerqueira Leite
Projeto gráfico: Adriano Moreno Barbosa, Daniel Messias, Mariza de Souza Porto
Capa: Bruno Tonel
  Ilustração: Raul Aguiar
Coordenação de arte: Wilson Gazzoni Agostinho
Edição de arte: Teclas Editorial
Editoração eletrônica: Teclas Editorial
Coordenação de revisão: Elaine Cristina del Nero
Revisão: Ofício do Texto Projetos Editoriais
Coordenação de pesquisa iconográfica: Luciano Baneza Gabarron
Pesquisa iconográfica: Ofício do Texto Projetos Editoriais
Coordenação de *bureau*: Rubens M. Rodrigues
Tratamento de imagens: Fernando Bertolo, Joel Aparecido, Luiz Carlos Costa, Marina M. Buzzinaro
Pré-impressão: Alexandre Petreca, Everton L. de Oliveira, Marcio H. Kamoto, Vitória Sousa
Coordenação de produção industrial: Wendell Monteiro
Impressão e acabamento: HRosa Gráfica e Editora
Lote: 287969

Dados Internacionais de Catalogação na Publicação (CIP)
(Câmara Brasileira do Livro, SP, Brasil)

Buriti plus história : caderno de atividades / organizadora Editora Moderna ; obra coletiva concebida, desenvolvida e produzida pela Editora Moderna ; editora executiva Ana Claudia Fernandes. – 1. ed. – São Paulo : Moderna, 2019. – (Projeto Buriti)

Obra em 4 v. para alunos do 2º ao 5º ano.

1. História (Ensino fundamental) I. Fernandes, Ana Claudia. II. Série

19-23440   CDD-372.89

Índices para catálogo sistemático:
1. História : Ensino fundamental 372.89

Maria Alice Ferreira — Bibliotecária — CRB-8/7964

ISBN 978-85-16-11755-9 (LA)
ISBN 978-85-16-11756-6 (LP)

Reprodução proibida. Art. 184 do Código Penal e Lei 9.610 de 19 de fevereiro de 1998.
Todos os direitos reservados
EDITORA MODERNA LTDA.
Rua Padre Adelino, 758 – Belenzinho
São Paulo – SP – Brasil – CEP 03303-904
Vendas e Atendimento: Tel. (0_ _11) 2602-5510
Fax (0_ _11) 2790-1501
www.moderna.com.br
2020
Impresso no Brasil

1 3 5 7 9 10 8 6 4 2

Apresentação

Caro(a) aluno(a)

Fizemos este Caderno de Atividades para que você tenha a oportunidade de reforçar ainda mais seus conhecimentos em História.

No início de cada unidade, na seção **Lembretes**, há um resumo do conteúdo explorado nas atividades, que aparecem em seguida.

As atividades são variadas e distribuídas em quatro unidades, planejadas para auxiliá-lo a aprofundar o aprendizado.

Bom trabalho!

Os editores

Sumário

Unidade 1 • A passagem do tempo	**5**
Lembretes	**5**
Atividades	**7**
Unidade 2 • A vida em comunidade	**15**
Lembretes	**15**
Atividades	**17**
Unidade 3 • Marcas da história	**25**
Lembretes	**25**
Atividades	**28**
Unidade 4 • Trabalho	**37**
Lembretes	**37**
Atividades	**40**

Operários trabalhando em fábrica de calçados. Município de Novo Hamburgo, estado do Rio Grande do Sul, 2016.

UNIDADE 1 — A passagem do tempo

Lembretes

O tempo dos relógios

- O relógio tem a função de medir a passagem do tempo em horas, minutos e segundos.

- Há vários tipos de relógio: entre os mais antigos estão o relógio de água e o de Sol; os que mais usamos hoje são o relógio de ponteiros e o digital.

- Um dia tem 24 horas e é dividido em manhã, tarde e noite.

- O calendário divide o tempo em meses, semanas e dias e nos ajuda a registrar e a organizar nossas atividades cotidianas.

- Uma semana tem 7 dias. Um mês pode ter 28, 29, 30 ou 31 dias. Um ano tem 12 meses e pode ter 365 ou 366 dias.

- Há diversos tipos de calendário. No Brasil, muitos povos indígenas, por exemplo, marcam o tempo de acordo com os fenômenos da natureza e suas atividades: períodos de chuvas e secas, de plantio, de colheita, festas, entre outros.

Relógio de Sol.

Relógio de água.

Noções de tempo

- Os eventos podem ocorrer de forma sequencial, ou seja, uns depois dos outros. Por exemplo, para fazer um bolo, primeiro é preciso separar os ingredientes, depois misturá-los e, em seguida, levar a massa ao forno para assar.

- Os eventos também podem ocorrer de forma simultânea, ou seja, ao mesmo tempo. Por exemplo, enquanto você está na escola lendo este texto, seus pais estão em outro lugar realizando uma atividade diferente.

Como percebemos a passagem do tempo

- As medidas de tempo mais usadas são o ano, o mês e o dia, e a hora e o minuto.
- É possível perceber a passagem do tempo por meio de nossas atividades diárias. Por exemplo, para perceber os minutos se passarem, você pode contar o tempo que leva para escovar os dentes. Pode contar os meses que faltam de abril, por exemplo, até as férias escolares de julho. Para perceber que os anos se passaram, você pode refletir sobre sua própria vida, do dia em que nasceu até hoje.
- A passagem do tempo também pode ser percebida na divisão do dia em manhã, tarde e noite. Por exemplo, de manhã nós tomamos café da manhã; no começo da tarde almoçamos; à noite jantamos.
- A agenda é um instrumento importante para organizar nossas tarefas diárias. Podemos dividir o dia em horas e anotar as atividades que serão feitas em cada uma delas.

Presente, passado, futuro

- O tempo também pode ser classificado em passado, presente e futuro.
- O passado é tudo aquilo que já aconteceu, como o primeiro dia em que você foi para a escola.
- O presente é o momento que estamos vivendo, é o agora.
- O futuro é o que ainda vai acontecer, como o que você vai fazer no próximo fim de semana.
- Com o passar do tempo, muitas coisas podem mudar. Por exemplo, quando você nasceu, não sabia falar. Você aprendeu a fazer isso só depois de alguns anos.
- Outra forma de perceber as transformações ao longo do tempo é observar os eventos na natureza, como o ciclo de vida de uma flor, por exemplo. Primeiro, as sementes são plantadas. Depois de um tempo, elas brotam, crescem e dão flor. Em seguida, a flor seca e outro ciclo se inicia.
- As fases da Lua também são percebidas à medida que o tempo passa. Você consegue pensar em outro exemplo de ciclo da natureza que mostra as transformações ao longo do tempo?

Atividades

1 Complete o texto com as palavras do quadro.

> hoje   passagem do tempo   relógio de água
> segundos   digital   horas   relógio

O _____ é o instrumento usado para medir a

_____ em _____, minutos e

_____. Há vários tipos de relógio. O mais antigo

é o _____. Os que mais usamos

_____ são o relógio de ponteiros e o

_____.

2 Circule de **verde** as atividades feitas de manhã, de **azul** as realizadas de tarde e de **vermelho** as feitas de noite.

3 A seguir, são apresentadas algumas características dos relógios e dos calendários. Pinte os quadrinhos conforme a legenda.

🟩 Relógio   🟥 Calendário

a) Marca os segundos, os minutos e as horas.

b) Pode ter ponteiros ou ser digital.

c) Mostra quantas semanas e dias tem um mês.

d) O que mais usamos hoje tem 12 meses, mas também há outros.

e) O mais antigo deles usava água para marcar a passagem do tempo.

f) Pode ser usado para organizar as atividades diárias, semanais, mensais e anuais.

g) Ajuda a organizar os aniversários ao longo do ano.

h) Ajuda a organizar as atividades escolares ao longo do ano.

i) Ajuda-nos na organização para cumprir nossos compromissos ao longo do dia.

4 Alice e seus amigos foram ao parque fazer um piquenique. Observe as imagens desse evento e classifique-as em **antes**, **durante** ou **depois**.

_____   _____   _____

5) A imagem a seguir mostra pessoas realizando diferentes atividades ao mesmo tempo. Observe e, depois, faça o que se pede.

a) Essas situações estão acontecendo em que horário?

_____

b) Escreva o que as pessoas estão fazendo em cada cena.

1. _____

2. _____

3. _____

6) Anote na folha da agenda a seguir as tarefas que você vai fazer amanhã. Não se esqueça de anotar os horários também!

Data: ___/___/___

Data: ___/___/___

7 Ligue cada situação à medida de tempo utilizada.

Horas

Anos

Minutos

Meses

8 Classifique as frases de acordo com a legenda.

[PA] Passado　　　　[PR] Presente　　　　[FU] Futuro

a) ☐ Patrícia irá ao médico amanhã.

b) ☐ No mês que vem, Joana viajará para a Europa.

c) ☐ Joaquim não pode brincar agora porque está estudando.

d) ☐ Quando Francisco completou 5 anos, ganhou um brinquedo.

9) Peça a um familiar adulto que lhe entregue a cópia de uma foto de quando você era bebê e outra atual. Cole-as nos espaços adequados.

Passado	Presente

- Agora, escreva três mudanças que ocorreram com você.

1. _____
2. _____
3. _____

10) Faça um desenho de si mesmo(a), imaginando-se como estará daqui a 10 anos.

Futuro

11 O calendário a seguir foi feito por Thiayu Suyá, que vive em uma tribo indígena da região do Mato Grosso. Observe a imagem e leia o texto.

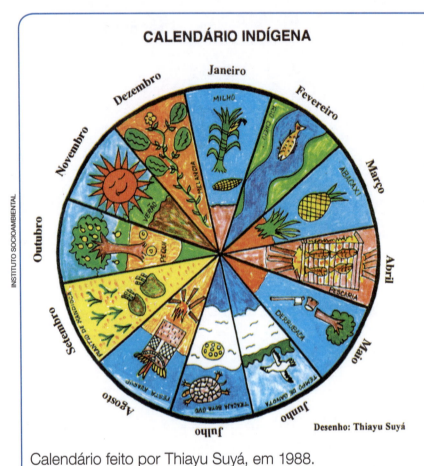

Janeiro, mês que as matas ficam bem crescidas. […] As plantas crescidas na roça ficam no ponto de colher como: o milho, que as mulheres colhem para fazer cozido, mingau […], torrado ou assado. É o mês que chove muito.

Fevereiro, mês que tem muita chuva ainda. Mês que dá mais mosquito. Os rios continuam cheios e as frutas estão caindo. […]

Calendário feito por Thiayu Suyá, em 1988.

Geografia indígena: Parque Indígena do Xingu. Brasília: MEC/SEF/DPEF, 1988. p. 57. Disponível em: <http://mod.lk/nN3vE>. Acesso em: 26 mar. 2019.

a) Sublinhe os meses que foram citados no texto.

b) Agora, assinale com um **X** as alternativas corretas sobre esse calendário indígena.

☐ O calendário do povo Suyá se baseia nos ciclos da natureza.

☐ Em fevereiro, as chuvas param e começa o período de seca.

☐ Janeiro é o mês em que o povo Suyá come muitos pratos feitos com milho.

☐ O calendário do povo Suyá tem 11 meses.

12 Leia as dicas e complete o diagrama com as respostas.

a) Um evento que ocorre ao mesmo tempo que outro é ...

b) Instrumento que mede a passagem do tempo.

c) É o terceiro mês do ano.

d) Aquilo que já aconteceu.

e) Em que período do dia podemos observar as estrelas no céu?

a)   **T**

b)   **E**

c) **M**

d) **P**

e)   **O**

13 Em que período do dia você faz as atividades a seguir? Faça as ligações de acordo com seu dia a dia.

| Jantar. |
| Brincar. |
| Ir para a escola. |
| Dormir. |
| Tomar café da manhã. |

| Manhã |
| Tarde |
| Noite |

14 Complete o quadro a seguir. Depois, pinte de **azul** o ano que se refere ao passado, de **verde** o que é presente e de **vermelho** o que é futuro.

☐ Ano em que você nasceu.

☐ Ano em que você está vivendo.

☐ Ano em que você vai terminar o 3º ano.

15 Leia a história a seguir.

> Felipe convidou dois amigos para brincar de pular corda e eles aceitaram o convite. A mãe de Felipe levou as crianças ao parque. Elas brincaram bastante! Mas, durante a brincadeira, Felipe caiu e se machucou. Sua mãe o levou ao hospital. Uma médica fez um curativo no joelho de Felipe. Depois ele voltou com a mãe para casa.

- Agora, com base nessa história, desenhe nos espaços em branco os acontecimentos que faltam.

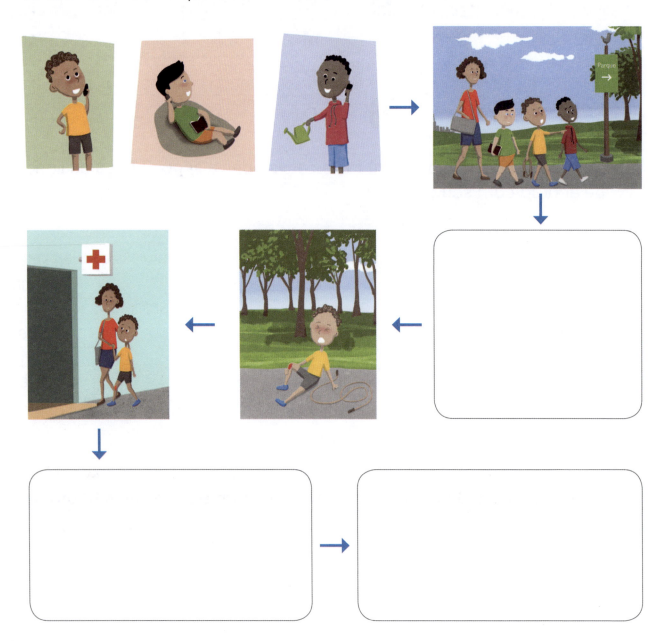

UNIDADE 2 — A vida em comunidade

Lembretes

Harmonia na convivência

- Convivência é a relação entre pessoas que vivem em comunidade.
- A empatia e o respeito mútuo levam as pessoas a ter uma boa relação e conviver em harmonia.
- Quando você se coloca no lugar de uma pessoa e reflete como se sentiria se estivesse na mesma situação que ela, você pratica a empatia. Ser empático também significa respeitar o outro.
- A empatia e o respeito estão presentes em diferentes situações: quando você procura entender a opinião de uma pessoa, quando você dá seu lugar para uma pessoa mais velha se sentar, quando você recebe bem um novo aluno na turma, entre outros exemplos.
- Nossa casa é um espaço de convivência. É com nossa família que também aprendemos valores, costumes e comportamentos.
- Toda família tem uma rotina e regras, como a divisão das tarefas relacionadas à organização e à limpeza da casa, a hora de comer, a hora de dormir etc.
- As regras familiares devem ser decididas em conjunto e ser respeitadas para que todos convivam em harmonia.
- Alguns comportamentos para a boa convivência em comunidade são: agradecer, pedir por favor, cumprimentar, pedir permissão, despedir-se e pedir desculpas.

Família dividindo as tarefas domésticas.

Quando todas as pessoas têm boas práticas sociais, a convivência social é respeitosa e harmônica.

ILUSTRAÇÕES: FERNANDO UEHARA

Viver em grupo

- Grupo social é um conjunto de pessoas que têm, em comum, interesses, afinidades, vivências e valores, entre outros aspectos, e que interagem entre si.

- Há diferentes grupos sociais, como a família, a turma da escola, os grupos de amigos, de trabalho, do bairro, e as aldeias indígenas.

- Existem grupos que se encontram regularmente para trabalhar em benefício da comunidade, por exemplo, cuidando das praças para que elas se mantenham limpas e bonitas e doando livros para bibliotecas.

- Essas práticas sociais são importantes para que as pessoas se conheçam, tomem decisões juntas e se sintam pertencentes à comunidade.

A rua tem história

- A rua é um espaço público e coletivo por onde circulam carros e pessoas. Ao seu redor, há calçadas, casas, edifícios, escolas, hospitais, praças e outras construções.

- Toda rua tem um nome para facilitar sua localização. Geralmente, o nome da rua está ligado à história do lugar onde ela está localizada. Nesses casos, o passado é relembrado e homenageado.

- Algumas ruas e calçadas também são usadas como espaços de lazer. Assim, grupos sociais podem se reunir nesses locais para conviver. Por exemplo, as crianças podem brincar na rua e na calçada sob a supervisão de adultos.

Passado e presente de um bairro

- Um bairro é formado por um conjunto de ruas.

- Para conhecer a história de um bairro, pode-se conversar com os moradores mais antigos do local e recorrer à memória deles sobre os lugares e fatos. Seus depoimentos são considerados documentos históricos.

- Outro documento histórico importante é a fotografia.

- Por meio de depoimentos e fotografias, é possível perceber o que mudou e o que permaneceu em um bairro ao longo do tempo.

Atividades

1 Complete as frases com as palavras do quadro.

> agradecer   desculpas   por favor   cumprimentar   licença

a) É educado _____ as pessoas ao chegar a um lugar.

b) Pedir _____ para alguém que você magoou é uma atitude de respeito.

c) Sempre que você solicitar algo a uma pessoa, peça

_____ .

d) É importante pedir _____ a uma pessoa que está em seu caminho.

e) Pratique _____ a uma pessoa que te ajudou.

2 Procure em revistas e jornais imagens dos grupos sociais solicitados. Depois, recorte e cole as imagens nos espaços a seguir.

Grupo de amigos	Família

3. Ajude Ana a completar a lista na lousa com exemplos de espaços de convívio social.

_____
_____
_____
_____
_____
_____

4. Classifique as imagens de acordo com a legenda.

A Convivência harmônica

B Convivência conflituosa

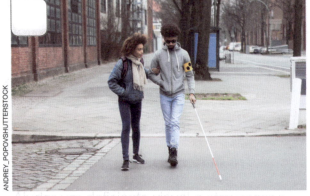

Ajudar um deficiente visual a atravessar a rua.

Jogar lixo na rua pela janela do carro.

Fazer fofoca sobre um colega.

Ceder o assento aos mais velhos no transporte público.

5 Pinte os quadros de acordo com a legenda.

🟦 Atitudes de respeito em casa

🟨 Atitudes de respeito na escola

🟩 Atitudes de respeito em casa e na escola

Reconhecer seus erros e pedir desculpas.	Respeitar o horário de comer, brincar e dormir.
Respeitar os colegas, os professores e todos os outros funcionários da escola.	Ajudar seus familiares a manter a organização do espaço de convivência.
Respeitar a opinião do outro, mesmo que ela seja diferente da sua.	Saber ouvir o colega e esperar a vez de falar nas atividades em classe.

6 Complete o quadro a seguir com outros exemplos de ações de empatia.

Vamos praticar a empatia?
Ajudar o colega que está com dificuldade de fazer uma lição.
Acalmar seu irmão quando ele está chorando.

7 Leia as dicas e escreva as respostas no diagrama.

a) Capacidade de colocar-se no lugar do outro.

b) Conjunto de pessoas que têm interesses, afinidades e habilidades em comum.

c) Conjunto de grupos sociais.

d) Compartilhar espaços em uma mesma comunidade.

e) A soma de diversas comunidades que interagem entre si.

f) Grupo com o qual também aprendemos valores, costumes e comportamentos.

8 Marque com um **X** as práticas sociais que beneficiam toda a comunidade.

Limpar a praia.

Arrumar a cama.

Cuidar da horta comunitária.

Manter a praça limpa e arrumada.

Brincar no parque.

Pintar murais para enfeitar as ruas.

9. Como é a rua onde você mora? Desenhe alguns edifícios e outros elementos que existem nela para completar a imagem a seguir. Não se esqueça de desenhar sua casa também!

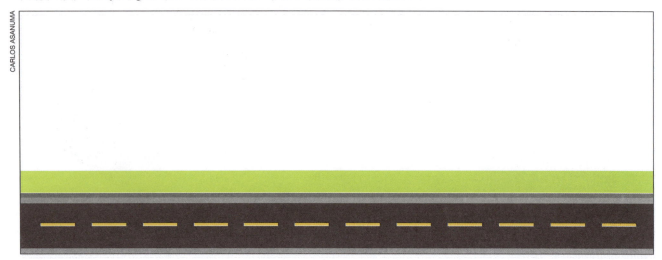

10. Circule os elementos que existem na rua da sua escola.

Semáforo.

Prédio.

Lombada.

Cavalos.

Poste de iluminação.

Ponto de ônibus.

11 Observe as duas fotografias. Depois, ligue as colunas corretamente.

Vista antiga e atual do Teatro Amazonas 1 e da Igreja da Matriz 2, em Manaus, no estado do Amazonas.

- Diferentes tipos de construção
- Igreja da Matriz
- Praça
- Rua asfaltada
- Teatro Amazonas

- Mudanças
- Permanências

12 Como podemos conhecer a história de um bairro? Cite três exemplos.

1. _____

2. _____

3. _____

13 Leia o texto a seguir, que conta a história do nome de uma avenida na cidade de São Paulo.

> O trecho que percorre o bairro de Moema [...] foi aberto entre 1913 e 1915 pela Cia. Territorial Paulista em terrenos de sua propriedade. Conta-se que o então diretor da empresa, o Eng. Fernando Arens Júnior, apreciava os nomes indígenas e de pássaros. Por isso, várias ruas abertas na região foram denominadas a partir desses temas. [...]
>
> [...] o nome Ibirapuera [...] designava uma antiga aldeia indígena fundada pelo padre Anchieta no ano de 1560 nas cercanias de Santo Amaro. Ibirapuera, na língua indígena, significa "madeira velha" ou "aquilo que foi madeira"; de "Ibira" = madeira + "uera" = velho, aquilo que foi e não é mais.
>
> Avenida Ibirapuera. *Dicionário de ruas.* São Paulo: Prefeitura da Cidade de São Paulo, 2019. Disponível em: <http://mod.lk/c0BOd>. Acesso em: 26 mar. 2019.

- Agora, faça um **X** nas afirmativas corretas.

☐ Ibirapuera era o nome de uma antiga aldeia indígena que existiu onde hoje se localiza um bairro da cidade de São Paulo.

☐ O nome da avenida Ibirapuera não tem relação com a história local.

☐ Ibirapuera é um nome indígena que significa "madeira velha".

☐ Quem escolheu o nome da avenida Ibirapuera foi o diretor da empresa que a construiu.

14 Complete as frases com as palavras do quadro abaixo.

| harmonia | coletivo | público | divisão de tarefas |

A rua é um espaço _____ e _____.

Podemos conviver em _____ com pessoas diferentes de nós.

Uma das regras de convivência familiar é a _____.

Unidade 3 — Marcas da história

Lembretes

Memória e história

- Tudo o que as pessoas produzem ao longo do tempo são registros que podem ser usados para o estudo de seu modo de vida. Todos somos parte da história.

- Os documentos e objetos antigos podem fornecer pistas que nos ajudem a compreender um acontecimento do passado e como um grupo social vivia.

- Os registros do passado que foram guardados e preservados ao longo do tempo auxiliam na construção da história e são chamados de fontes históricas.

- Os historiadores são profissionais que estudam as fontes históricas e constroem narrativas sobre o passado.

- As fontes históricas podem ser classificadas em: visuais (fotos, pinturas e mapas); escritas (cartas, jornais, diários e livros); e orais, isto é, histórias contadas pelas pessoas, que não precisam ser escritas (depoimentos e lendas).

- As fontes históricas materiais são todos os registros físicos, concretos e visíveis, como móveis, filmes, construções e roupas por exemplo.

- As fontes históricas imateriais são aquelas que estão ligadas às memórias das pessoas, aos saberes (ofícios) e às tradições de uma comunidade, como festas, canções e lendas.

- Os griôs são exemplos de pessoas que transmitem oralmente os conhecimentos e as histórias de sua comunidade.

Os griôs transmitem as tradições de sua comunidade geração após geração.

Documentos e registros pessoais

- Os documentos pessoais são registros que contêm informações sobre uma pessoa, como nome, data e local de nascimento.

- A carteira de identidade identifica a pessoa pelo nome, pela assinatura e pela impressão digital. Já a certidão de nascimento registra, entre outras informações, a data, o local e a hora de nascimento de uma pessoa.

- Os registros pessoais se referem a tudo aquilo que uma pessoa produz e/ou guarda e que a ajuda a se lembrar de momentos que viveu sozinha. Pode ser uma carta, uma fotografia, uma lembrancinha de aniversário, entre outros elementos diversos que formam a memória individual.

- As lembranças em comum, que são compartilhadas por muitas pessoas, formam a memória coletiva.

- Os documentos e registros pessoais também são fontes históricas e podem ser usados para conhecer a história de uma família. Por meio das fotografias, é possível saber como eram nossos avós, por exemplo.

Memórias e tradições

- As cantigas de roda e de ninar geralmente fazem parte da tradição oral, sendo transmitidas de geração a geração. Elas se relacionam tanto à memória individual como à memória coletiva.

- As cantigas podem se transformar ao longo do tempo e variar de região para região e de acordo com o período.

- As cantigas de roda e de ninar revelam alguns aspectos do modo de vida das pessoas que as criaram.

- É essencial preservar as tradições orais e outras fontes históricas para manter viva a memória coletiva.

- Os museus são espaços que guardam, preservam e expõem diferentes tipos de fontes históricas. Estas formam um acervo, que pode ser consultado por pesquisadores.

- Por meio da análise das memórias individuais e coletivas, é possível conhecer o passado, o que mudou e o que permaneceu.

Memória escolar

- As escolas mudaram bastante ao longo do tempo.
- Meninos e meninas estudavam separadamente. Hoje, as turmas são mistas.
- As matérias ensinadas também eram diferentes para meninos e meninas. Por exemplo, os meninos aprendiam atividades físicas, enquanto as meninas aprendiam a costurar. Hoje, todos os alunos aprendem as mesmas matérias.
- Muitos professores tinham permissão para punir os alunos com castigos físicos. Hoje, esses castigos são proibidos por lei.
- Os materiais escolares também mudaram com o tempo. Por exemplo, os professores usavam giz em lousa feita de ardósia. Os alunos utilizavam caderno e lápis; só mais tarde começaram a usar caneta com ponta de metal e tinta. Hoje, muitas escolas já usam lousa digital e *tablet*.

As escolas sofreram muitas mudanças no decorrer dos anos: do giz e da lousa de ardósia, caderno e lápis utilizados no início do século XX, algumas passaram a adotar recursos tecnológicos, como lousa digital e *tablets*, no século XXI.

Atividades

1 Complete as frases com as palavras do quadro.

> historiadores   história   fontes históricas   objetos antigos

a) Todas as pessoas fazem parte da _____.

b) Os _____ são os profissionais que estudam o passado.

c) Os registros deixados pelas pessoas ao longo do tempo são chamados

de _____.

d) _____ podem guardar a memória de uma pessoa, de um grupo e de toda a sociedade.

2 Qual é sua memória mais antiga? Desenhe-a no espaço a seguir.

3 Paula tem 20 anos e está arrumando uma caixa com recordações. Ela encontrou seu diário de quando tinha 12 anos. Leia um trecho dele.

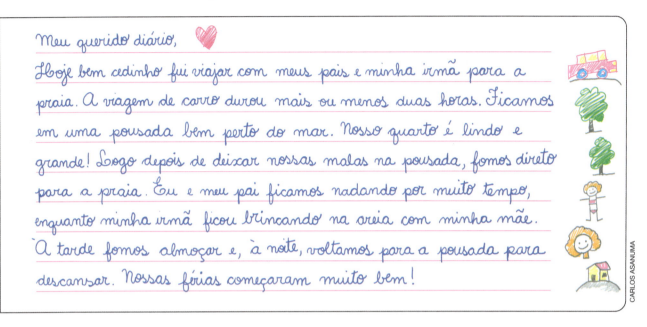

Meu querido diário,

Hoje bem cedinho fui viajar com meus pais e minha irmã para a praia. A viagem de carro durou mais ou menos duas horas. Ficamos em uma pousada bem perto do mar. Nosso quarto é lindo e grande! Logo depois de deixar nossas malas na pousada, fomos direto para a praia. Eu e meu pai ficamos nadando por muito tempo, enquanto minha irmã ficou brincando na areia com minha mãe. À tarde fomos almoçar e, à noite, voltamos para a pousada para descansar. Nossas férias começaram muito bem!

a) Agora, faça o que se pede.
- Circule as pessoas com quem Paula foi viajar.
- Sublinhe com um traço o lugar para onde Paula foi viajar.
- Sublinhe com dois traços as atividades que Paula fez pela manhã e à tarde nesse lugar.

b) Esse diário pode ser considerado uma fonte histórica? _____

4 Pense em um aniversário seu realizado há mais de um ano. Compare essa lembrança com a de seu último aniversário. Depois, complete o quadro a seguir com uma breve descrição.

Aponte algumas diferenças entre essas lembranças.	
Qual delas lhe causa maior alegria? Por quê?	

5) Escreva nos quadradinhos das imagens **V** para fonte visual e **E** para fonte escrita.

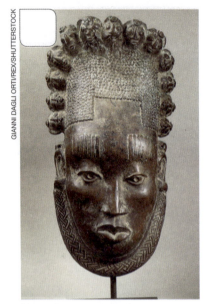

Escultura em bronze de rei iorubá. Nigéria, século XVI.

Documento da Lei Áurea, do século XIX.

Capa do jornal *Diário de Pernambuco*, de 21 de abril de 1960.

Jean-Baptiste Debret, Caboclo (índio civilizado), 1834, aquarela e litografia sobre papel.

6) Faça um **X** nos itens que apresentam exemplos de fontes orais.

a) Fotografia antiga.

b) Histórias contadas pelos griôs.

c) Lendas contadas por um povo indígena.

d) Depoimento de uma pessoa que sobreviveu à guerra.

7 Circule de vermelho as fontes materiais e de verde as fontes imateriais.

Produção de queijo no estado de Minas Gerais, em fotografia de 2010.

Vestido do século XVIII.

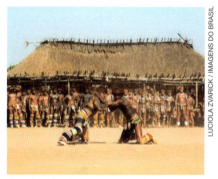
Festa do Kuarup no Parque Indígena do Xingu, no estado do Mato Grosso, em 2016.

Pessoas dançando frevo no município de Olinda, no estado de Pernambuco, em fotografia de 2016.

Monumento à independência, 1922, escultura em granito e bronze de Ettore Ximenes, localizada na capital do estado de São Paulo, em fotografia de 2018.

Prateleiras cheias de livros da Biblioteca Nacional, na capital do estado do Rio de Janeiro, em fotografia de 2018.

8 Faça um **X** nas situações em que cada documento pessoal pode ser solicitado.

	Carteira de identidade	Certidão de nascimento	Carteira de motorista	Carteira de vacinação
Abrir uma conta no banco.				
Tomar vacina no posto de saúde.				
Casar-se.				

9 Leia o depoimento de dona Neuza e responda às questões.

> [...] na época que meu pai me registrou [...], quando chegou aí no cartório... falou dois nomes, porque, na mente dele, ele queria que eu chamasse Neuza, mas minha mãe queria que eu fosse Tereza... aí, meu pai [...] falou assim: "Tereza, ah, eu não sei se é Neuza, Tereza, Neuza Tereza". Aí, o juiz falou: "— Afinal de contas, é Neuza ou Tereza, Tereza ou Neuza?". Aí [...] o que que ele faz? Botou a Tereza ali no livro, [...] e deu o registro de Neuza pro meu pai.
>
> O que é memória? In: Cíntia de Sousa Carvalho e outros. *Museu da Favela* <recurso eletrônico>: histórias de vida e memória social. Rio de Janeiro: PUC-Rio, 2016. Disponível em: <http://mod.lk/bkT5y>. Acesso em: 26 mar. 2019.

a) O que o pai de Neuza foi fazer no cartório? Que documento pessoal ele estava pedindo ao juiz?

_____

b) Que tipo de fonte histórica é esse relato?

_____

10 Leia o relato do indígena Aturi Kaiabi.

> É importante estudar a história. Nós precisamos saber a história do passado, a história de outros povos, as histórias dos índios e a história das pessoas importantes. Antigamente a gente aprendia a história contada pelos velhos. O velho contava para os netos e os netos contavam para seus filhos.
>
> Assim a história chegou num ponto que a gente guarda na escrita, em gravação e em filme.
>
> Aturi Kaiabi. Guardando a história. In: Estela Würker. *Livro de história*: Parque Indígena do Xingu. Brasília: MEC/ISA/RFI/UNESCO, 1998. p. 1. v. 1. Disponível em: <http://mod.lk/MwnKV>. Acesso em: 26 mar. 2019.

a) Circule o trecho que fala da tradição oral.

b) Sublinhe o trecho que fala das fontes visuais e escritas.

11. Procure em jornais e revistas um exemplo de cada fonte histórica solicitada a seguir. Recorte-os e cole-os nos espaços indicados.

Fonte material	Fonte imaterial

12. Classifique as imagens de acordo com a legenda.

P Preservado

N Não preservado

Museu Nacional em chamas, na capital do estado do Rio de Janeiro, em fotografia de 2018.

Exposição Índios: Os Primeiros Brasileiros, no Memorial dos Povos Indígenas, em Brasília, Distrito Federal, em fotografia de 2018.

Pichação no Pateo do Collegio, na capital do estado de São Paulo, em fotografia de 2018.

Restauração de documento histórico na Fundação Casa de José Américo, no município de João Pessoa, no estado da Paraíba, em fotografia de 2018.

33

13 Circule na ilustração a construção que tem a função de guardar e preservar diferentes tipos de fontes históricas.

14 As ilustrações a seguir mostram as etapas do trabalho de uma historiadora. Numere-as na ordem correta, de 1 a 4.

15 Observe as duas fotografias.

A Alunos em escola nos anos 1950. **B** Alunos em escola municipal de Caraí, Minas Gerais, 2018.

Agora, pinte de **verde** os quadrinhos que mostram as diferenças entre as duas salas de aula e de **vermelho** os que mostram as semelhanças.

☐ a) Nas duas fotografias as carteiras estão enfileiradas.

☐ b) A fotografia A mostra uma sala só de meninos, enquanto a fotografia B mostra uma sala mista.

☐ c) Na parede da sala da fotografia B há cartazes pendurados, enquanto na da sala da fotografia A não há nada.

☐ d) Tanto na fotografia A como na B há uma lousa e uma professora.

☐ e) As carteiras das fotografias A e B são individuais.

16 Desenhe sua sala de aula no espaço a seguir.

17 Pinte os quadros com o nome dos materiais escolares que você usa.

lápis e borracha	estojo
lousa	caderno
tablet	caneta tinteiro
mochila	lancheira

18 Encontre no diagrama as palavras do quadro.

memória	tradições	fontes
griôs	museu	preservação

G	T	E	H	R	L	K	E	Q	S	M
P	R	E	S	E	R	V	A	Ç	Ã	O
B	W	I	V	X	E	K	C	A	F	G
A	T	C	O	M	U	S	T	O	G	C
M	G	R	I	E	C	E	A	T	E	A
F	E	I	G	M	U	S	E	U	P	S
O	K	T	R	Ó	A	T	O	Ç	Ã	O
N	P	O	A	R	N	A	C	I	O	T
T	R	A	D	I	Ç	Õ	E	S	C	V
E	Ç	O	B	A	O	D	M	A	T	A
S	A	E	J	C	T	G	R	I	Ô	S
B	T	M	A	E	J	K	L	Q	R	X
T	R	L	E	M	J	W	P	N	Y	Z

36

Lembretes

O que é trabalho

- Trabalho é toda atividade que as pessoas executam para produzir bens ou serviços.

- Bens são os objetos produzidos, cultivados ou colhidos na natureza para satisfazer as necessidades humanas, como alimentos e roupas.

- Serviços são as tarefas realizadas por uma pessoa em favor de outra pessoa ou uma empresa, como cortar cabelo e consertar um móvel.

- O trabalhador recebe uma quantia de dinheiro pela atividade realizada. Esse dinheiro é usado no sustento dele e de sua família, para obter alimentos, moradia e tudo o que é necessário para viver.

- No campo, as principais atividades são a agricultura, a pecuária e o extrativismo. Já nas cidades são as atividades da indústria, do comércio e dos serviços.

- Nas indústrias, a matéria-prima (por exemplo: tomate) é transformada em produto (por exemplo: molho de tomate), que é vendido em um estabelecimento comercial para um consumidor.

As condições de trabalho ontem e hoje

- Há cerca de 200 anos, não havia regras que garantiam aos trabalhadores direitos como o tempo diário de trabalho, as férias, a proteção contra acidentes no local de trabalho, entre outros. Hoje, existem leis que valorizam o trabalhador e asseguram a ele esses e outros benefícios.

- No Brasil, o trabalho infantil é proibido por lei. Mesmo assim, ainda é comum encontrar pessoas que exploram o trabalho de crianças.

Profissionais da comunidade

- A profissão de uma pessoa é o trabalho que ela exerce. Por exemplo, quem dá aula é professor, quem canta é cantor e quem recolhe o lixo nas ruas é lixeiro.

- Toda profissão é importante para o funcionamento da sociedade. Não importa se o trabalho exige esforço físico, mental ou ambos. As pessoas dependem do trabalho realizado por outras pessoas.

- Por exemplo, para você comprar uma laranja e fazer um suco, existem muitas etapas anteriores que dependem do trabalho de várias pessoas. Primeiro, uma pessoa precisa cultivar a laranja. Mas, para cultivá-la, vai precisar de equipamentos agrícolas, que são produzidos por outras pessoas. Além disso, uma pessoa vai precisar colher os frutos, outra vai embalá-los e distribuí-los para os estabelecimentos onde serão vendidos por outras pessoas, e assim por diante.

- O trabalho voluntário é aquele que uma pessoa exerce por vontade própria, sem receber qualquer pagamento por isso, em favor de uma causa social, apenas com o objetivo de ajudar a quem precisa.

Todas as profissões são importantes em uma sociedade e devem ser respeitadas.

Profissões do passado

- As profissões também podem se transformar ou deixar de existir, de acordo com as necessidades da população e as novas tecnologias.

- A profissão de acendedor de lampiões, por exemplo, deixou de existir, pois não há mais iluminação pública com fogo.

- O trabalho artesanal, isto é, feito manualmente, diminuiu bastante. Hoje, a maioria dos produtos é fabricada em grandes quantidades em indústrias que usam diversas máquinas.

Máquina agrícola aplicando agrotóxico em lavoura. Município de São Francisco de Assis, estado do Rio Grande do Sul, 2014.

Trabalho e meio ambiente

- As mudanças na natureza provocadas pelos seres humanos são chamadas impactos ambientais.

- No campo, a agropecuária desmata diversas áreas para poder cultivar ou criar pastos. O desmatamento pode destruir o solo e levar diversos animais e plantas à extinção.

- O uso de agrotóxicos e fertilizantes nas plantações pode contaminar o solo, os rios e até os alimentos, que podem se tornar prejudiciais para quem os consome.

- Nas cidades, os principais impactos ambientais são: a poluição do ar e dos rios, a poluição sonora e visual, a falta de água e a produção de lixo em grande escala.

- Para diminuir os impactos ambientais no campo, podem-se cultivar alimentos orgânicos, criar reservas ambientais e recuperar áreas para pastagem. Nas cidades, pode-se evitar o desperdício de água e de energia elétrica, praticar a coleta seletiva e se locomover mais a pé ou de bicicleta que de automóvel.

Trecho da Floresta Amazônica desmatado para pastagem. Município de Tucumã, estado do Pará, 2016.

39

Atividades

1 Circule de verde as imagens que mostram a produção de bens e de vermelho as que mostram a prestação de serviços.

2 Complete as frases com as palavras do quadro.

> lixeiros   publicitários   astronautas   barbeiros   confeiteiros

a) Quem faz viagens espaciais são os _____.

b) Os _____ são especialistas em fazer diversos tipos de doces.

c) A função dos _____ é fazer a coleta de lixo.

d) O trabalho dos _____ é fazer a barba dos homens.

e) Os _____ criam peças de propaganda.

3 Ligue cada trabalhador ao nome de sua profissão.

Costureiro

Fotógrafa

Faxineiro

Historiadora

Bombeiro

Atriz

4. Classifique os itens de acordo com a legenda.

A Agricultura   E Extrativismo   C Comércio
P Pecuária   I Indústria   S Serviços

5 Desenhe no espaço a seguir a profissão que você quer exercer quando for adulto.

6 Pinte de **vermelho** os balões que mostram as condições de trabalho há cerca de 200 anos e de **verde** os que mostram as condições de trabalho hoje.

O trabalho infantil é permitido.

Não há um limite diário de horas para trabalhar.

Há um limite diário de horas para trabalhar.

O trabalho infantil é proibido por lei.

Os adolescentes de 14 a 16 anos podem trabalhar como aprendizes.

7 Converse com três adultos: pode ser um funcionário da escola, um familiar e um vizinho. Pergunte a eles as profissões que têm e o que fazem. Anote as respostas no quadro.

Nome da pessoa	Profissão	Função

8 Leia as três situações a seguir.

> Cleide é uma excelente confeiteira. Ela precisa fazer um bolo de aniversário para um cliente e percebeu que está sem ovos.

> O trabalho de Mauro é criar galinhas e vender seus ovos para os estabelecimentos comerciais.

> Tatiana é dona de um mercado.

- Considerando essa situação, responda às questões.

    a) Cleide depende do trabalho de quais pessoas para poder comprar ovos e fazer seu bolo?

    _____

    b) Tati depende do trabalho de qual pessoa para poder ter ovos para vender?

    _____

    c) Mauro depende de quais pessoas para vender seus ovos?

    _____

    d) Cleide depende de que pessoa para ganhar dinheiro e se sustentar?

    _____

9 Observe as fotografias a seguir e escreva a matéria-prima usada para sua produção.

_____   _____   _____

44

10 Classifique as imagens de acordo com a legenda.

A Profissão relacionada ao campo

U Profissão relacionada à cidade

11 Faça um **X** nos itens que apresentam exemplos de trabalho voluntário.

a) Arrecadar alimentos e cozinhá-los para moradores de rua.

b) Ler histórias para idosos que vivem em asilos.

c) Vender roupas usadas para um brechó.

d) Visitar crianças doentes a fim de animá-las com brincadeiras.

e) Resgatar animais de rua e cuidar deles até que sejam adotados.

12 Observe as fotografias a seguir.

- Agora, faça um **X** nos itens que mostram corretamente as características de cada fotografia.

	Foto A	Foto B	Foto C
Apresenta uma produção artesanal.			
Apresenta uma produção industrial.			
É uma fotografia antiga.			
É uma fotografia atual.			
Mostra a produção de um bem.			

13 Leia o texto sobre uma profissão do passado e, depois, faça o que se pede.

Depois que o telefone foi inventado, em 1876, foi criada a profissão de telefonista. Naquela época, não era possível fazer ligações diretas para uma pessoa. Primeiro, ela devia ligar para a telefonista para dizer com quem gostaria de conversar. Depois, a telefonista contatava a pessoa e transferia a ligação.

Com o tempo, os telefones sofreram várias modificações. A principal foi a ligação direta. Com isso, o trabalho de telefonista tornou-se desnecessário e praticamente deixou de existir.

a) Circule o trecho que trata da função de uma telefonista.

b) Sublinhe o motivo que fez a profissão de telefonista entrar em extinção.

14 Leia as dicas e escreva as respostas no diagrama.
   a) Atividade feita por pessoas para produzir bens ou prestar serviços.
   b) Objetos produzidos por meio do trabalho de uma pessoa.
   c) Trabalho social realizado por uma pessoa a fim de ajudar o próximo.
   d) Atividade de compra e venda de produtos.
   e) Atividades prestadas para uma pessoa ou empresa mediante pagamento.

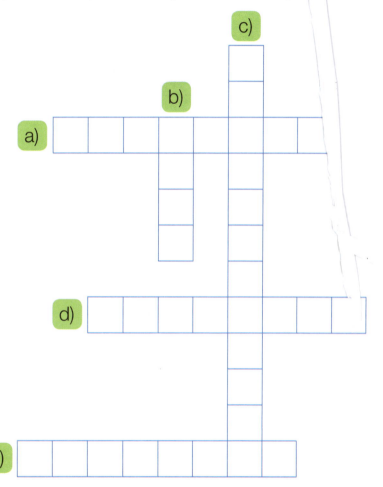

15 Pinte os quadrinhos que mostram os impactos ambientais que podem ser vistos no município onde você vive.
   a) Poluição do ar
   b) Poluição dos rios
   c) Poluição sonora
   d) Poluição visual
   e) Falta de água
   f) Desmatamento
   g) Lixo acumulado nas ruas

47

16 Circule as atitudes que indicam respeito ao meio ambiente.

- Tomar banho rápido.
- Criar reservas ambientais.
- Jogar lixo nos rios.
- Comer alimentos orgânicos.
- Dirigir buzinando.
- Queimar florestas.
- Reutilizar embalagens de vidro.

17 Procure em jornais e revistas imagens que mostram exemplos de ações que diminuem os impactos ambientais apresentados a seguir. Recorte-as e cole-as nos espaços indicados.

Desperdício de água	Produção de lixo

Poluição do ar	Desmatamento